Nèmeusicaa, è il conflitto che ho immaginato e vissuto tra un primo

stato di rifugio cautelativo psicofisico sostenuto in partenza dalla

Nèmesis, figura mitologica greca che distribuisce giustizia

e Nausicaa, come nobile ambizione d'arrivo.

Nausicaa, accoglie calorosamente Ulisse

che invoca la sua misericordia.

Eleganza, cortesia e forse amore senza condizione.

"Voglio uscire da questi lati oscuri

e illuminare ciò che mi fa star bene veramente,

non voglio più impormi ruoli arcaici,

protesi esclusivamente al benessere altrui,

solo per continuare ad accrescere l'egoismo mascherato

che ha contraddistinto la mia persona,

fornendo alibi e sponde morbide

su cui adagiare e accogliere

confronti di transizioni emotive complesse".

13 febbraio 2013

"Alla rabbia,
al silenzio,
al vuoto,
alla velocità.

Alla giustizia.

Alla solitudine.

All'alba,
ai marmi,
alle ali d'angelo.

All'argento,
alle arance,
alla pioggia,
ai sampietrini
e alle pozzanghere.

All'anima,
al cuore,
alle rose, i tulipani,
ai brividi di pelle,

Alle stagioni,
al freddo,
alla primavera,
alla notte.

Al caffè d'estate alle 4:10 di mattina.

Alle illusioni,
i calci,
i pugni,
le delusioni…

Alla fatica, la volontà,
la calma,
la sobrietà.

Agli eccessi,
alle ossessioni.

All'attività motoria,
alla corsa e alla sua danza.

Alla determinazione,
alla disciplina,

Alle mani di una donna,
all'erotismo,
al sesso.

All'Aventino.

All'arte,
la musica,
i colori.

Ai sogni e a Roma".

**A Luca,
a Paolo,
con me in ogni respiro…**

Questa raccolta
è immaginata per te che l'hai cercata.

Mentre leggi, ascolta questa musica…
"emozioni che alimentano sogni"…

Air
Ludovico Einaudi
Boards of Canada
Telefon Tel aviv
Massive Attack
Antony & the Johnson

Spegni la luce artificiale
e lasciati cullare
dal movimento del fuoco di una candela…

Se ti trovi nel silenzio,
nella meraviglia di un'alba o di un tramonto…
beh.., allora hai già tutto…

grazie,
Flavio.

1 – NEMESIS

Giungerà l'era,
in cui solo per un istante,
il polso della divinità,
si arresterà,
per appagare le anime anguste,
esiliare le ultime angosce,
rendere sobria giustizia,
a chi già sereno,
attende la sconfitta di Hybris,
per mano della Nèmesis,
che con colpo netto,
decapiterà la sua arroganza.

Firenze, 27 marzo 2013

2 – CORPI

Corpi esanimi,
per il loro ultimo viaggio,
presi per mano,
cullati dal silenzio,
del mansueto fiume,
accompagnati dal legiadro fruscio delle foglie,
che omaggiano la scena.

Osserva,
l'uomo sulla sponda,
attende sereno la chiamata,
avido di emozioni,
di laconica aridità espressiva,
di essenzialità,
in un tempo fermo.

Firenze, 27 marzo 2013

3 – ELEGANZA

Trascorrerò la mia vecchiaia,
in eleganza,
sui gradini di una chiesa antica,
seduto,
ascoltando ad occhi chiusi,
i tacchi di una donna,
alla scoperta di un tesoro,
che ho abbracciato nei miei giorni,
nel privilegio assoluto,
di essere nato,
nel centro del mondo.

Roma, 1 aprile 2013

4 – INCERTEZZE

Le incertezze caratteriali,
fanno dell'assaggio,
un'assoluta necessità.
I vuoti
e la ricerca di condizione maledetta,
divengono
piattaforme di decollo,
rampe di lancio,
per raggiungere il brivido massimo,
la felicità,
nell'oceano in movimento

Venezia – Roma, 19 maggio 2013

5 – ROSSO

Espellere dall'anima,
ciò che non si riesce a decodificare,
a contenere.
Forzare ciò che non siamo,
che non comprendiamo
ma che al tempo spesso siamo chiamati
a doverizzare,
colmando di serenità e pazienza,
alimentando gli spazi vuoti,
nell'esigenza di riempire il cuore.

Roma 31 maggio 2013

– INEVITABILMENTE

E' inevitabile,
qualcosa dobbiamo lasciare,
nel nostro viaggio.
Alleggerire ciò che ci accompagna,
per riprendere il volo,
siamo dolorosamente chiamati
ad eliminare
cellule d'amore,
le più pesanti,
le più intense,
quelle a cui non avremmo mai
voluto rinunciare,
nella non conoscenza di saperlo fare...
...nella speranza di sorprenderci,
nell'inevitabile riuscita.

Roma, 31 maggio 2013

7 – SCOPERTA

Nelle difficoltà,
attraversiamo tempeste,
bufere, turbolenze.
Nelle difficoltà,
scopriamo noi stessi,
ci sorprendiamo,
di ciò che possediamo,
di ciò che possiamo.
Nelle difficoltà,
ci difendiamo,
mutiamo,
ci rafforziamo.
Cadenziamo i nostri stati d'animo,
riordiniamo, ci riorganizziamo.
L'opportunità offerta sotto
apparenti privazioni,
saranno lo splendere dei nostri occhi,
nel abbraccio di un arcobaleno.

Firenze, 31 maggio 2013

3 – BULL 1

Non puoi piegarti
Perché sei forte,
resisti sempre,
spesso ti perdi,
invisibile,
ci sei sempre,
qualche volta sei sconfitto.
Richiedi impegno da chi vorrà
viverti.
Lasciati aiutare,
cercando una simbiosi,
l'assestamento,
attraverso la stretta comune.

Roma, 3 giugno 2013

9 - 2 TONE

Il progetto è spinto dal sogno,
dall'entusiasmo,
contempla la sofferenza,
implica la rabbia.

Le scatole di cartone si costruiscono in un istante,
quando il peso del fallimento non è più sopportabile,
ma esiste anche la stagione delle piogge
che inevitabilmente vanno a sfaldare,
tutto ciò che meramente,
è stato imposto.

Roma, 18 settembre 2013

10 – ALBA

Rincorrere la luna,
tra gli alberi e le stelle.
Lacrime, sorrisi,
auspici di giustizia.

Confidenze silenziose,
sfiorando sponde universali,
su frequenza cosmiche.

Roma, 25 settembre 2013

"Dio non paga il sabato"

"Non date le cose sante ai cani
e non gettate le vostre perle davanti ai porci,
perché non le calpestino con le loro zampe
e poi si voltino per sbranarvi."

Matteo, 7-6

Ci sono momenti in cui tutti abbiamo bisogno di tutti
e risultiamo terapeutici magari soltanto con il mettersi a disposizione per
l'ascolto,
con lo sguardo,
con un abbraccio,
con un sorriso,
con una rabbia complice
e un efficace promessa di tenere duro
perché qualcuno sarà comunque con te.

Ognuno di noi,
con le proprie particolarità caratteriali,
con il proprio vissuto,
il proprio presente,
con gli alti e bassi della vita,
con i momenti di solitudine e i nervi che spesso cedono,
ha la preziosa opportunità di trarre forza e coraggio dalla condivisione.

Magicamente ci si sente più sereni, anche nelle complicazioni
dell'esternare vulnerabilità in cui l'investimento emotivo rasenta il
crollo…

Non sottovalutiamo mai i nostri problemi personali,
ci sono attimi in cui sembra che la montagna sia sempre più grande
e nonostante il nostro impegno,
il percorso ci ostacola in ogni centimetro che faticosamente cerchiamo di
rendere fertile,
quindi il mio consiglio è:
"non abbiate mai paura di tirare fuori ciò che vi fa stare male, ricordando
che l'ombra è lì a conferma che da qualche parte c'è la luce"…

Roma, 4 novembre 2013

… a tutti gli "scolari"…)

Emiliano,

la ricerca della saggezza
è un percorso che senti sulla pelle
quando il tempo inesorabilmente scivola via
in maniera sempre più rapida
e la vita che dopo i quarant'anni ci fa acquisire coscienza
di ciò che è la bellezza del presente
che va vissuto con l'animo sereno
di una maturità a cui siamo in obbligo di corrispondere,
ci offre l'opportunità di rendere bello
anche quello che apparentemente una volta avremmo interpretato come
l'anticamera dell'indifferenza…

…Sono certo che la simbiosi della nostra amicizia
passi anche attraverso i silenzi
e la riflessione è la fotografia in cui io ieri
ho immaginato ciascuno di voi…

Caro Emiliano,

della vita che apprezzo sempre più,
ora mi prendo tutto...
un grazie equivale ad un abbraccio,
non meno prezioso di un silenzio
che è meravigliosamente convertibile in un gesto d'amore
molto più forte di una risposta
magari "forzata"…

Siamo tutti diversi,
complementari,
distanti
ma per questo necessariamente importanti per tutti noi stessi…

Certo che continuerò a scrivere,
questo è il mio canale comunicativo più immediato.

Il desiderio di maturità
e la volontà di completarmi come uomo (che sento forte),
mi farà sviluppare gli altri sensi
che sono la gioia di una vita che in alcuni istanti mi sembra troppo bella
ed intensa per averla meritata.

Vi voglio bene
e il silenzio è un vostro bacio sulla guancia
accompagnato da una dolce carezza.

Roma, 5 novembre 2013

'Ho accumulato troppa ricchezza materiale
in quest'occidente saturo
che straborda di inutilità e di significati imposti
attraverso status sociali artefatti
a cui abbiamo tutti accettato di rispondere
con l'unica via che pensavamo di poter percorrere…
…la pigra quanto sciocca obbedienza votata a discolpa della nostra
anima…

Ora non c'è più nulla
che possa garantire ricerca d'interiorità
attraverso il sistema occidentale,
forse nemmeno una religione
in cui spesso rifugiarsi da un male sconosciuto
ma che devasta
e autodistrugge gli istinti umani
esaltando privazioni,
sacrifici
e sofferenza,
in cui paventare salvezza eterna…

Ho bisogno totale di uscire dal corpo di un tredicenne
e di non accettare più infantili esecuzioni di doveri,
di acquisire consapevolezza,
integrando ricerca e dubbio
come componenti di una spiritualità terrena
che va alimentata luna dopo luna,
per questo ritengo colma la mia esperienza occidentale,

più di così non potrò…

Sento nell'anima l'angoscia,
la pesantezza,
la repressione,
la schiavitù di vivere uno stato percettivo di propaganda di benessere,
la frastornante cecità illusiva di una condizione

di assoluto appagamento…

…oggi tutto questo,
è semplicemente il niente
e quel lampo che squarcia il cielo,
precede il rombo della frustrazione,
talmente aggressiva
e proporzionalmente inversa al desiderio vitale
di conoscere finalmente l'altro uomo che vive in me,
come in ogni altro individuo…

Sono già abbastanza i 43 anni vissuti in una scatola…
è giunta l'ora di abbandonarla…"

Roma, 8 novembre 2013

1- PRESENTE

Nell'intensità del presente non c'è spazio,
nessuno spazio per altro,
se inizi a pensare ti scindi in due entità.
Il fiore esiste e questo è già tutto il possibile.

Non chiederti di più,
non potresti.

Non pensare ai giorni passati, sono comunque terminati.
Non pensare a ciò che farai,
il presente condizionerà i tuoi progetti.

Meravigliati sempre di essere qui, ora.

Rendi possibile l'esclusività del presente,
niente potrà penetrare nell'intensità di questo momento.
Permetterai al tuo cuore, alla tua mente e alla tua anima,
di abbattere le barriere dei sensi,
non potrai pensare,
non portai sognare,
in entrambi c'è materialismo,
entrambi sono oggetti.

Offriti al desiderio spirituale
e la consapevolezza ti eleverà,
nel prezioso verticalismo che ti trasformerà in una farfalla.

La maggior parte dell'umanità si accontenta di nascere e morire larva,
immobile, congelata, in attesa…

Altri salgono un gradino e ricercano mobilità, divengono bruchi ma rimangono orizzontali…

Divieni farfalla allora, accetta l'opportunità del mutamento, della più stupefacente trasformazione di te stesso.

Riempiti, gioisci, elevati.
Divieni farfalla.

Roma, 15 novembre 2013

(Riflessioni dopo "Liberi di essere" di Osho).

2 – IMPEGNO

Si, ci sto provando.
Spesso raggiungere la cima,
si manifesta complicato.
Le energie si disperdono
e non riesco ancora a dosarle,
a preservarle, a gestirle.

Sono cosciente dell'obiettivo,
ma non conosco il mezzo idoneo,
necessario a concludere il percorso.

La seconda parte sarà in discesa,
ma questo pensiero non allevia la mia fatica,
soprattutto può rivelarsi pericolosa.

Usuro mente e fisico nella speranza di riposare bene,
e ad intermittenza mi consegno alla vita.

Amo la vita, amo l'energia che ricevo da essa,
traggo gioia di ogni attimo vissuto,
la magnificenza del pianto,
la grandezza di liberare l'anima prigioniera.

Roma, 19 novembre 2013

13 – PIANTO

Forza per non piangere,
esigenza soffocante di dipenderne,
comprimerne le possibilità dell'esistenza,
privandosi della libertà di alleggerire l'anima.
Forzare la componente dell'essere,
in una rigida e severa imposizione.
Infrangere il silenzio,
nella singhiozzante necessità di esserci,
isolando ciò che resta,
elevandoti nella pretesa di incontrarti nuovamente..

Roma, 6 gennaio 2014

4 – GIUSTO

Mai il più forte,
mai il più bello,
mai il più giusto, vince.

I criteri di scelta,
mostrano la fallibilità di chi pensa di giudicarti,
seguendo le limitazioni di status sociali,
erogati agli inetti,
contaminati nel pensiero,
paralizzati nello schema,
dalla violenta regia,
di stolti mistificatori di un sistema distratto.

Non aspettare mai riconoscimenti,
da parte di nessuno,
concedigli la libertà di farlo,
e regalati forza per non ascoltarli
non permettere mai a nessuno,
di ingraziarti con metalli insignificanti,
confrontati soltanto con te stesso,
fai ciò che ritieni giusto,
per stare bene,
per divenire uomo.

Se ce l'avrai messa tutta,
se avrai fatto il massimo,
rispettando i tuoi principi,
la tua base etica,
la tua ideale certezza,
allora avrai vinto.

Sarai così un uomo giusto,
darai luce al tuo risultato,
figlio mio.
Roma, 13 gennaio 2014

5 – RIMPIANTI

on rammaricarti,
on avere rimpianti,
e un giorno,
ovandoti su una panchina
confronto con il cinico sarcasmo
ell'esaltazione dell'incultura,
el disinteresse,
ell'immobilismo,
ella filosofia della staticità,
alla ricetta dell'accettazione della sopravvivenza,
arai deriso e giudicato.

La frustrazione non può appartenere a chi ha conosciuto l'azione.
che contempla, riflette e segue le strategie del pensiero.

E' evidente la differenza
tra un uomo e un sasso.
Un uomo può pensare,
amare,
muoversi,
lottare,
decidere,
provare.

Vivi dunque con serenità,
non sono i risultati che ti fanno grande,
donati la sapienza,
il coraggio,
la volontà,
la possibilità di averci provato,
l'ambizione della riuscita,
il tuo trasporto,
la tua via.
I rammarico, non sarà con te.

Roma, 14 gennaio 2014

6 – EMOZIONI

Perché l'immensità,
di ciò che ti arriva nell'anima,
attraverso i brividi delle emozioni,
non può essere gestita,
esposta,
decifrata,
trasmessa.

La piacevole sensazione di vulnerabilità,
farà di te un uomo,
che ancora una volta si sorprenderà,
quando il suo corpo,
in un meraviglioso istante,
diverrà troppo piccolo,
per contenere l'estasi,
di anche un solo respiro.

Roma, 15 gennaio 2014

17 – BODYSOUL

Prenderai i nostri corpi,
quelli che abbiamo ricevuto,
quelli con cui abbiamo combattuto.
Ma sai che c'è una cosa,
che non ti renderà mai soddisfatto,
le nostra anime,
quelle no,
quella è la nostra forza,
l'ascolto della volontà.
Per cui, decidi tu,
come, quando e in che modo stapparmi dalla terra,
la salvezza eterna giungerà dalla mia coscienza.

Roma, 10 febbraio 2014

PIOVE, PIOVE SEMPRE EMILIANO, NON SMETTE PIU'…
…E PIANGE, PIANGE OGGI QUESTO CIELO TROPPO VICINO A NOI ,
ACCOLTO DALLA DOLCE SINFONIA DI UNA COLONNA SONORA
CHE LA REGIA DEL SIGNORE HA SCELTO PER QUESTO MOMENTO,
IN CUI GIANFRANCO CI CHIAMA A RIFLETTERE…

QUANTO RAMMARICO PERO' IN QUESTA VITA,
COSI' PREZIOSA,
COSI' UNICA,
A VOLTE COSI' SUPERFICIALE E COMPLICATA.
QUANTE FRUSTRAZIONI, NEL DISPERDERE EMOZIONI,
QUANTO DISAGIO NEL SOFFOCARE FISICITA',
QUANTE INIBIZIONI,
QUANTE PAURE INCASTRATE IN UNO SCHEMA PERVERSO, CHIAMATO
ORGOGLIO.

MA E' PROPRIO LA SOFFERENZA,
A DONARE L'OPPORTUNITA' DI MATURARE IN NOI,
LA COSAPEVOLEZZA CHE DA QUALCHE PARTE,
SIA PRESENTE L'INSEGNAMENTO DEI NOSTRI PADRI,
QUELLA COMPLICITA' PRETESA ANCHE NELLE SCELTE NON
CONDIVISE E DIFFICILI DA ACCETTARE, TUTTO QUELL'AMORE SENZA
CONDIZIONE CHE ESISTE IN NOI E CHE OGGI FORSE RIUSCIAMO A
COMPRENDERE…

PIOVE, ALL'ALBA DELLA "CANDELORA",
"IL GIORNO IN CUI SI ACCENDONO TUTTE LE LAMPADE E I CERI ,
FACENDO UNA GRANDISSIMA LUCE",
CI NARRA EGERIA,
IL GIORNO DEL PASSAGGIO TRA L'INVERNO E LA PRIMAVERA,
TRA IL MOMENTO DEL MASSIMO BUIO E FREDDO,
E QUELLO DEL RISVEGLIO DELLA LUCE.

OGGI COME QUANDO ERAVAMO BAMBINI RISCOPRIAMO QUEL
CALORE,
ORA FINALMENTE POSSIAMO VIVERE L'IMMENSITA' DI
QUELL'ABBRACCIO.

AETERNUM VALE, GIANFRANCO

"AFFERMARE BENESSERE NELLA STATICITA',
E' L'UNICO ALIBI CHE NON POSSIAMO CONCEDERCI.
L'EQUILIBRIO E' OSCILLAZIONE
LA STATICITA' DURA UNA FRAZIONE DI SECONDO,
E' L'ILLUSORIO CONTATTO TRA LA SOFFERENZA E
LA FELICITA'.

Roma, 14 febbraio 2014
(Osho concept)

razie a:

n Curtis
amamoto Tsunetomo
elmut Newton
sho
et Mondrian
ablo Picasso, Georges Braque e i cubisti
aramahansa Yogananda
on Paolo sul Camino di Santiago de Compostela
avid Peace
eanne Hèbuterne,
lliott Erwitt
Amedeo Modigliani, Soutine e i poeti maledetti
Visual China — Realismo figurativo contemporaneo
Paul Cèzanne
Francesco Visalli
Pablo Neruda
Alessandra Brustolon Zorzi
Brueghel e l'arte fiamminga
Deborah (Debbie) Woodruff
Il Tiziano
Maurizio Savini e "La potenza della delusione"
C3 di Silvio Balestra
Cass Pennant, Andy Nicholls e Bill Gardner

...e ancora, Dublino, Galway, Cliffs of Moher, S.Giovanni e Maria di
Czestochowa, Sara, Franca, Lucio e supernonna Natalia. Simone e lo
staff dell'h2o fitness center, Robert Nero Tattoo, Katschberg, l'olio
alle mandorle, le candele e i Thievery Corporation...

www.ingramcontent.com/pod-product-compliance
Lightning Source LLC
Chambersburg PA
CBHW061232280526
45784CB00006B/2739